Este libro le pertenece a:

_____

Este libro está dedicado a mis hijos - Mikey, Kobe, y Jojo.

Paperback ISBN: 978-1-63731-394-7
Hardcover ISBN: 978-1-63731-395-4

Ninja Life Hacks™

El Ninja Frustrado

Por Mary Nhin

Aunque seguí las instrucciones, mi limo estaba muy líquido. Podría haberme frustrado, pero en cambio me mantuve calmado y me hablé positivamente a mí mismo.

¡Puedo hacer esto!

He aprendido a reconocer esa sensación de frustración y a apagar las llamas.

Por ejemplo, cuando no entiendo cómo hacer algo, pido ayuda.

Durante la escuela cuando pido hacer algo y el maestro me dice que no, me digo con calma que...

Cuando pierdo o cometo un error, respiro hondo y cuento hasta diez.

Solía no saber qué hacer cuando me frustraba. Simplemente reaccionaba.

Cada vez que me frustraba, podía sentir que mis músculos se tensaban. Empezaba a sentir calor por dentro, y a veces me costaba pensar.

Entonces, empezaría a sentirme fuera de control.

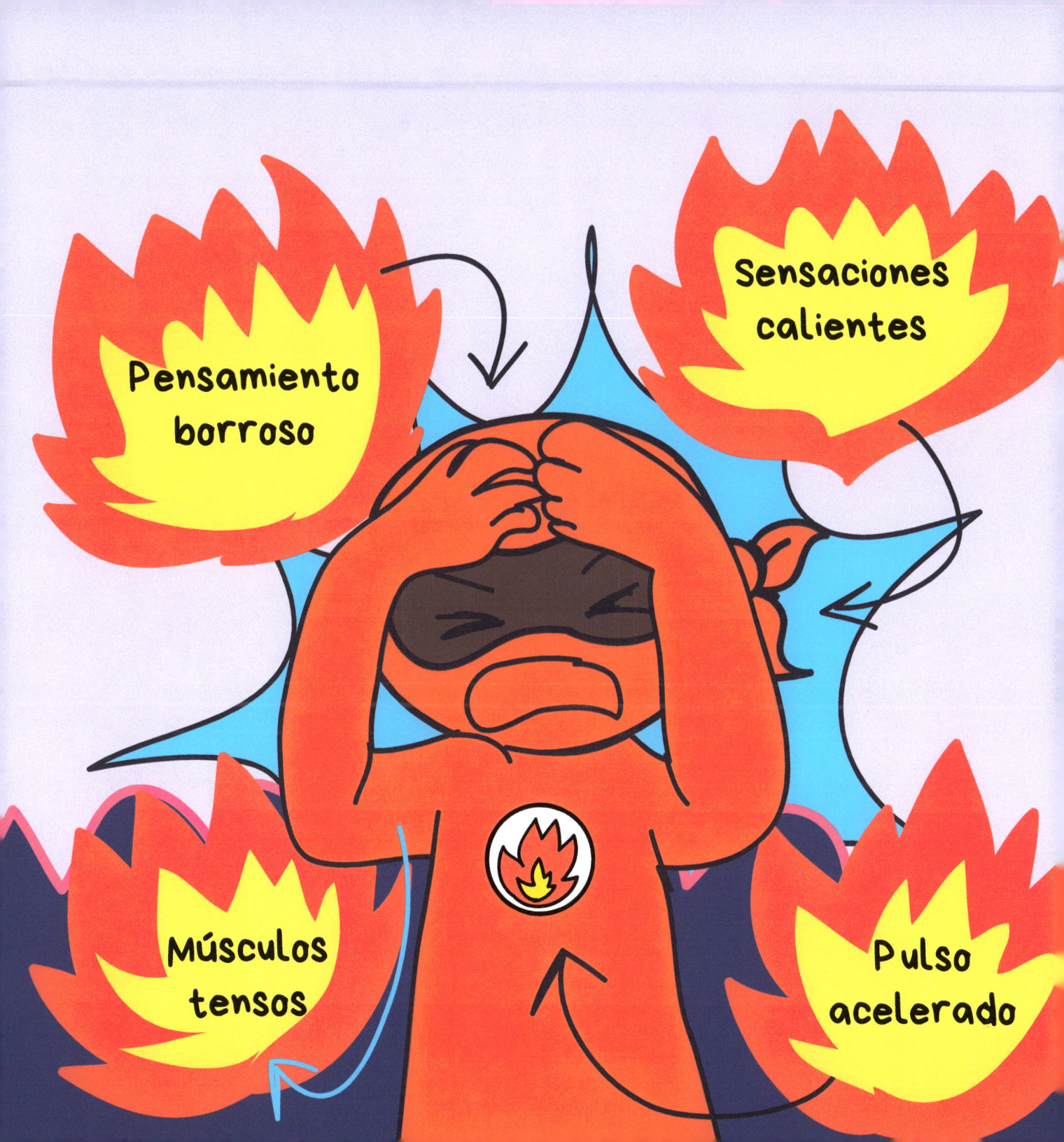

En el pasado, cuando me pedían que guardara mis aparatos electrónicos, me frustraba tanto que decía palabras desagradables.

Si cometía un error, me tiraba al suelo, pataleaba y gritaba.

Y cuando alguien no quería jugar o compartir conmigo, los empujaba y les tiraba cosas.

Pero las cosas cambiaron un día cuando perdí un juego. Me sentí tan frustrado, lanzando el control remoto a través de la habitación. Por poco golpea al Ninja Impulsivo.

Me sentí mal por haber actuado así y fui a buscar a mi amigo.

Perdón. No sé por qué hice eso.

Está bien sentirse frustrado. Es normal. Pero actuar de esa manera cuando estamos molestos no resolverá ningún problema, y podríamos lastimarnos a nosotros mismos o a otra persona.

Pegarle a los demás

Empujar y tirar cosas

Decir palabras poco amables

Tírarse al suelo y patalear

Gritar

Pero hay algo que podemos hacer sobre nuestra frustración. Cuando empecemos a sentirnos frustrados, recuerda ser como un bombero y calmar las llamas de frustración antes de que se conviertan en un gran incendio.

Para calmar las llamas de la frustración, podemos usar algunas de las herramientas que usan los bomberos para apagar las llamas:

ALTO

Habla acerca de tus sentimientos.

Piensa en un recuerdo divertido o feliz.

Pídele ayuda a un adulto.

Escribe tus preocupaciones en un diario.
Sal a dar un paseo para aprovechar nuestros cinco sentidos.
Escucha música, colorea o escribe en un diario.
Cuenta hasta 10.
DETÉNTE y respira hondo.
Exprime una almohada, un juguete o una plastilina.

Al día siguiente, traté de ser consciente de los sentimientos que tenía incluyendo cualquier frustración. Varias veces a lo largo del día, reconocí esa sensación caliente de frustración e inmediatamente fingí que era un bombero apagando las llamas calientes.

1 2 3 4

Manual de Limo

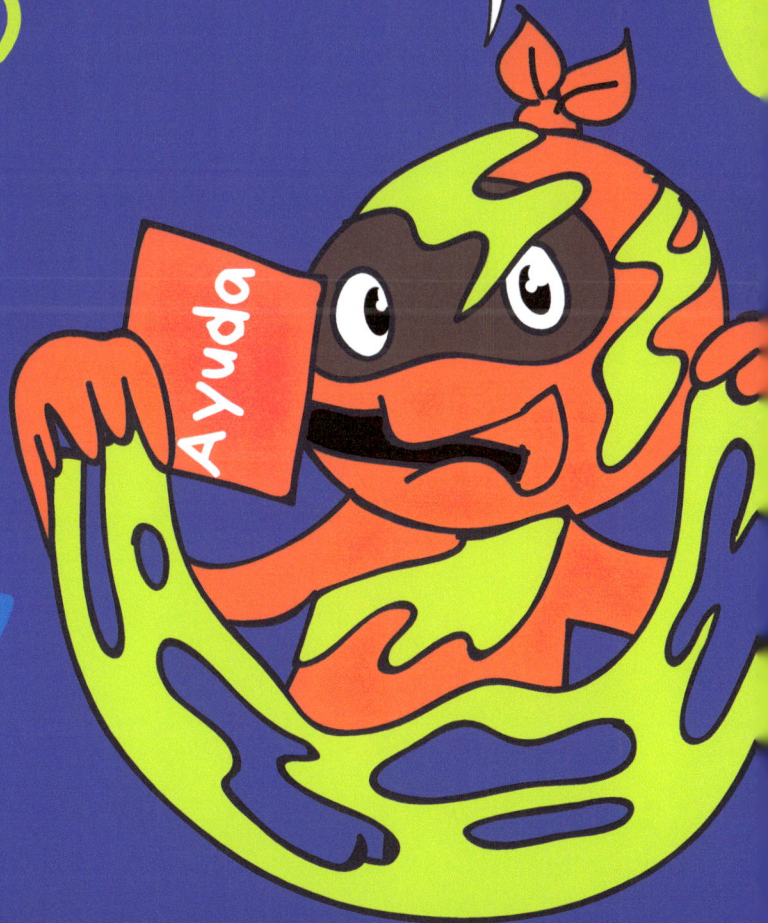

Fui capaz de manejar mejor mi frustración a partir de entonces.

Continúo fingiendo que soy un bombero calmando las llamas de frustración cuando me caliento.

ALTO

CAMPANA DE FRUSTRACIÓN

Lema del Ninja Frustrado

Cuando me caliento, es la comunicación de mi cuerpo.
Lo que siento es frustración.
Elijo PARAR y apagar el fuego.
Porque la calma es lo que necesito.

¡Lucha contra los sentimientos calientes calmando las llamas de frustración antes de que se conviertan en un gran fuego!

¡Visita ninjalifehacks.tv para obtener imprimibles divertidos gratis!

@marynhin @GrowGrit
#NinjaLifeHacks

Mary Nhin Ninja Life Hacks

Ninja Life Hacks

@ninjalifehacks.tv

www.ingramcontent.com/pod-product-compliance
Lightning Source LLC
Chambersburg PA
CBHW042023090426

42811CB00016B/1723